La rareté du numéraire influe-t-elle sur la valeur ou sur le prix des denrées, autant qu'on le croit? Le papier avilit-il l'argent, ou n'est-il pas plutôt indispensable pour augmenter sa valeur ?

OU

Réflexions sur l'article : Économie politique, *inséré dans le journal de Paris du 18 messidor.*

PAR SAINT-AUBIN,

Professeur de législation aux Écoles centrales du département de la Seine.

A PARIS,

Chez tous les Marchands de nouveautés.

L'an IV de la République.

La rareté du numéraire influe-t-elle sur la valeur ou sur le prix des denrées, autant qu'on le croit? Le papier avilit-il l'argent, ou n'est-il pas plutôt indispensable pour augmenter sa valeur?

O U

Réflexions sur l'article : Économie politique *, inséré dans le journal de Paris du 18 messidor.*

——————

Le citoyen Rœderer, après avoir fait plusieurs réflexions parfaitement justes, sur les remboursemens, termine l'article qui est le sujet de cette brochure, par une assertion si étrange, et dont les suites peuvent être si funestes pour la prospérité publique, que je me crois obligé en conscience de discuter au plutôt cet objet. Son opinion a une trop grande influence sur celle du public, pour qu'il ne soit pas très-intéressant de relever les erreurs qui peuvent échapper à l'homme qui a le plus de génie et de lumières.

Voici la copie littérale du passage dont il s'agit:

» Il importe beaucoup moins qu'on ne pense, peut-
» être même est-il très-préjudiciable à l'état, de s'ob-
» stiner à soutenir le mandat, et je soupçonne, en
» mon particulier, que l'abolition du papier mon-
» noie quadrupleroit à l'instant la valeur de l'argent.
» . . . . De sorte que l'art très-impuissant de réha-
» biliter le papier, pourroit bien n'être en dernier
» résultat, que l'art malheureux d'empêcher l'argent
» de sortir de l'avilissement où le tient le concours
» de trois monnoies différentes dans la circulation ».

Il est heureux que le cit. R. ne donne ces idées que comme des soupçons. Mais il n'est pas permis à un homme comme le cit. R. de soupçonner ainsi, sans en donner les motifs au public, qui pourroit fort bien le croire sur parole, tandis que je crois qu'il a contre lui l'expérience, le calcul, et très-certainement l'opinion de presque tous les écrivains sur l'économie politique.

Pour que la valeur de l'argent fût quadruplée, il faudroit que le prix des denrées, des marchandises et du travail baissât dans la proportion de 1 à 4, c'est-à-dire, que la livre de viande qui vaut 12 s. descendît à 3 s.; que le salaire de l'ouvrier qui va à 30 s., fût réduit à 7 ou 8 s.; que la livre de pain qui coûte 3 s., ne se vendît plus que 3 liards, et ainsi de suite. Autrement je ne comprends pas ce que le cit. R. entend par : QUADRUPLER LA VALEUR DE L'ARGENT.

Or je demande si dans les annales de l'histoire, fouillées depuis Charlemagne jusqu'à nos jours, il se trouve un seul exemple d'une révolution dans les prix, approchante seulement de celle-ci, qui ait eu lieu, je ne dis pas dans un an, mais dans un siècle entier ? Je demande s'il y a un exemple, que dans aucun pays du monde, et en prenant même un espace de 10 ans, la valeur de l'argent ait augmenté ou diminué seulement dans la proportion de 1 à 2 ? je n'en excepte pas même l'époque de la découverte des mines de l'Amérique. Je ne compte pas, à la vérité, le prix momentané d'une denrée, et notamment celui du bled, que la crainte d'une disette peut tripler d'un mois à l'autre, sans que cette hausse momentanée, qui ne tient qu'à l'extrême rareté et au besoin indispensable de la denrée, prouve quelque chose pour la dépréciation du numéraire. Je compte encore moins l'augmentation ou la réduction arbitraire du prix du marc d'argent, dans les hôtels de la monnoie, opération qui se réduit à dire, qu'il a plu au souverain d'appeler douze francs, ce qui autrefois portoit le nom de six livres , ou réciproquement , quoique la quantité d'argent fin reste la même (1).

Comment s'opéreroit donc aujourd'hui cet étonnant prodige ? par le retirement du papier , dit le cit. R., qui avilit le numéraire.

J'admettrai pour un moment , que le papier monnoie avilit nécessairement le numéraire, quoique la fausseté de ce préjugé se trouve évidemment démontrée dans la brochure : DES BANQUES PARTICU-LIÈRES , pag. 24 et suiv., et que cette opinion n'ait guères pour elle , parmi les écrivains sur l'économie politique , que le soupçon du cit. R., joint à l'assertion de Thomas Payne. Ce dernier, dont je respecte également le génie et les connoissances , diffère du cit. R., en ce que celui-ci est très-versé dans la partie de l'économie politique , qui regarde les monnoies et le crédit public, tandis que Payne a prouvé dans son ouvrage sur les finances de l'Angleterre , qu'il n'en possédoit pas même les premiers élémens (2).

Mais, en admettant ce principe, au moins le cit. R. conviendra-t-il avec moi , qu'il a des bornes que lui assignent le raisonnement et le calcul, joints à l'expérience. Ce n'est sûrement pas par une magie secrette , par une antipathie inexplicable entre le papier monnoie et le numéraire , que le cit. R. prétend expliquer comment le retirement du papier peut, SUR-TOUT A L'INSTANT, quadrupler la valeur de l'argent ; autre-

---

(1) Un contrôleur-général, pour rendre l'argent plus abondant , s'avisa de réduire l'intérêt par un édit. Il fut fort surpris de voir le lendemain chez un de ses amis , un thermomètre dont on avoit déplacé l'échelle , et qui marquoit : *très-chaud* , tandis qu'il geloit à pierre fendre. Je fais sur le tems , lui dit son ami , l'opération que vous faites sur l'argent.

(2) J'ai tardé de publier mes réflexions sur cet ou rage , plein de traits d'esprit et de génie , mais encore plus rempli d'erreurs , parce que je ne voulois pas détruire l'illusion d'une foule de bons citoyens, qui croyoient que cette brochure ameneroit la chûte de la banque de Londres.

ment, il faudroit nous replacer au tems des qualités occultes.

Si le papier-monnoie déprécie l'argent, ce ne peut être, qu'à raison, et dans la progression de la plus grande quantité de signe qu'il introduit dans la circulation. Calculons donc cette quantité.

Pour ne pas donner le moindre sujet de contestation, je réduirai à 600 millions tout le numéraire circulant en France, et je ne crois pas qu'il y ait aucun écrivain qui cave aussi bas. Le 12 messidor, il y avoit de fabriqué 1300 millions de mandats, y compris ceux envoyés dans les départemens pour l'echange des assignats. De cette somme il faut déduire pour le moins 300 millions, tant pour les mandats rentrés par les soumissions, que pour ceux qui restoient en caisse, ensorte que les mandats circulans n'excèdent certainement pas un milliard. En les mettant l'un dans l'autre, à 90, ce qui est bien au-dessus du cours de Paris, ce milliard mandats équivaut à 100 millions espèces. Joignons y 20 millions pour les 4 milliards de petits assignats, et toute l'augmentation réelle du signe, produite par les mandats et les assignats, se réduira à 120 millions. En retirant tout ce papier, et en supposant que la valeur du signe dépende principalement de sa rareté, ce que je nie encore avec l'expérience, le prix de l'argent hausseroit par cette opération, dans le rapport de 600 à 720, ou de 5 à 6, ce qui est bien loin du quadruple, et même du double.

Si au calcul nous joignons l'expérience des autres pays, nous verrons que l'introduction d'une quantité prodigieuse de papier de toute espèce, qui a eu lieu depuis le commencement de ce siècle en Angleterre et sur-tout en Ecosse, loin d'y avoir déprécié le numéraire, en a au contraire relevé la valeur, par l'activité que ce signe fictif a donné à l'agriculture, à l'industrie, et au commerce. Je renvoie pour les preuves de ce fait à Smith, et à la brochure : DES

BANQUES PARTICULIÈRES , où l'on trouvera des données positives que toutes les assertions hasardées de Payne ne sauroient détruire.

Depuis un an , je soutiens dans tous mes écrits , qu'il nous faut du papier , et sur-tout du PAPIER-MONNOIE , pour relever notre industrie. Je dis du PAPIER-MONNOIE , parce que nous n'avons pas le tems d'attendre que le papier libre que pourroient émettre des particuliers , ou des banques , soit disséminé parmi les ouvriers et les industrieux , et qu'il nous faut pour le moment , un papier qui , à la qualité de monnoie , joigne celle de fournir des coupures assez petites , pour pouvoir servir au paiement des ouvriers , et aux échanges de la vie journalière. Qu'importe à l'industrie qu'une banque fournisse des billets de mille liv., valeur métallique, au commerçant ou au fabriquant , si celui-ci ne peut les échanger contre une monnoie avec laquelle il paie les ouvriers , qui à leur tour la passent au boulanger et au boucher ? Or je doute fort que dans le discrédit où le papier en général est aux yeux de la multitude , on parvienne d'ici à long-tems à procurer ces avantages à un papier qui n'aura pas la qualité de monnoie légale.

Depuis un an , j'ai également soutenu , contre les assertions des journaux , et de presque toutes les brochures sur les finances , contre l'opinion même de presque tous nos législateurs , que lorsque le discréd.t extrême forceroit le numéraire de reparoître, la rareté de ce dernier pourroit bien ne diminuer en rien le prix des denrées et du travail. L'expérience vient de justifier complettement ma prédiction , qui au fond n'étoit que le résumé de ce que j'avois lu dans Smith , Steward , Fonbonnois (1), et en général dans les meilleurs ouvrages sur l'économie politique. Aujour-

____

(1) Voyez sur-tout l'article intitulé : *vue générale du système de Law*. Tome II des Recherches sur les finances , pag. 575 de l'édition de Basle 1758. L'auteur y fait voir , que la valeur de

d'hui il ne se fait presque plus aucun achat, aucune vente de détail, autrement qu'en numéraire, même à Paris, *ce qui réduit à bien peu de chose l'avilissement que peut produire la concurre ce du papier.* Eh bien, tout est non-seulement aussi cher qu'en 1790, mais la plupart des objets passent ce taux.

Je demande maintenant au cit. R. si, de bonne foi, il croit qu'en brûlant, ou ce qui revient au même, en abandonnant les mandats, on engageroit

---

l'argent dans chaque pays dépend principalement de la manière dont il y est reparti, et de la rapidité avec laquelle il y circule. En Espagne, où il entre par les mines, ce qui le repartit mal, et l'accumule dans un petit nombre de mains, l'argent a peu de valeur. En Angleterre, où il est bien reparti, parce qu'il entre par l'industrie, il a, en tems ordinaire, et en prenant tous les objets en masse, plus de valeur que partout ailleurs. La Suisse a vingt fois moins de numéraire réel ou fictif que l'Angleterre ou la Hollande ; cela n'empêche pas que le prix de la plupart des objets, loin d'être plus bas, ne soit plus haut en Suisse. On y dépense à la vérité moins qu'en Angleterre ; mais aussi y vit-on plus mal, ou si l'on aime mieux, d'une manière plus simple. Dans l'Auvergne cependant, dit-on, et dans d'autres pays de l'intérieur, où il y a peu d'argent, on a les vivres pour rien, parce que l'argent y est rare. Je réponds on y a à vil prix les productions du pays, que le manque de communications empêche d'exporter ; et comme le pays a peu d'industrie et de commerce, l'argent y est rare. Les vivres y ont peu de valeur, parce qu'on ne sait qu'en faire ; mais l'argent y a également peu de valeur, pour tout ce que le pays ne produit pas, et qui y est excessivement cher. On prend ici la cause pour l'effet. L'argent est rare en Auvergne, parce qu'on ne peut se défaire avantageusement de ce que ce pays produit ; mais ces productions ne sont pas à bon marché, parce qu'il y a peu d'argent. Il y auroit le double et le triple du numéraire, qu'elles seroient encore à vil prix, parce qu'au lieu de placer cet excédent d'argent en denrées, on le mettroit en objets de commodité ou de luxe. Si l'abondance du signe l'avilissoit en renchérissant les denrées, aucun peuple riche en signe ne pourroit soutenir la concurrence des nations pauvres, pour les productions de l'industrie ; l'expérience cependant prouve le contraire, puisqu'il est constant que les Anglais établissent les prix de leurs ouvrages manufacturés plus bas que tous leurs concurrens.

(9)

l'ouvrier qui gagne 3o s. par jour , et qu'on ne peut
avoir qu'avec peine , à travailler aussitôt , je ne dis
pas pour 8 s. , mais pour 20 s. ? Si le boucher , qui
ne veut pas donner sa viande au-dessous de 10 à 12 s.,
la donnera de suite pour 3 ou même pour 8 s., lorsqu'il
n'y aura plus de mandats ? C'est pourtant l'effet qu'il
faudroit produire , pour pouvoir dire que la valeur de
l'argent fût relevée.

C'est cette croyance funeste , que la rareté du
numéraire en doit nécessairement augmenter la valeur,
qui a engagé le cit. Faitpoul , parfait honnête homme
et très-instruit d'ailleurs , à abandonner les assignats ,
et même à précipiter leur chûte , en quoi il a été
très-bien secondé par plusieurs législateurs , imbus
du même préjugé. Et j'ai tout lieu de croire, que c'est
encore cet espoir chimérique qui a entraîné le directoire et son ministre actuel dans plusieurs fausses dé-
marches au préjudice des mandats.

Au reste , si une erreur devient excusable par le
nombre de ceux qui la partagent , celle-ci est certainement dans ce cas. Pas un Parisien qui , au retour
du numéraire , n'ait espéré avoir le vin à trois sols ,
la viande à 4 s. , le pain à deux liards , et le reste à
proportion. Comme rien de tout cela n'est arrivé , ni
ne pouvoit arriver , on rejette la faute sur le papier-
monnoie. C'est lui, dit-on, qui avilit le numéraire. (1)

____

(1) Dans les neuf dixièmes des départemens , le papier n'a
absolument plus de cours ; à peine y voit-on un assignat , ou
un mandat. On ne sauroit donc dire sans absurdité , que
c'est le papier qui y avilit le numéraire. La plûpart des objets
cependant , et sur-tout la main-d'œuvre pour les travaux
de campagne , sont au moins aussi chers qu'en 1790. Oh ,
oui ! dit-on , mais attendez , cela changera avec le temps ,
qui ramènera le bon marché et l'abondance. Je crois aussi
que ce temps viendra , lorsque notre population, notre commerce et notre industrie seront réduits à ce qu'ils sont en
Hongrie , ou en Pologne. Dieu nous préserve de voir ce
tems-là ! Pour amener le bon marché et l'abondance , il
faut que la réproduction surpasse la consommation ; et pour
obtenir ce but , il faut du signe.

Je soutiens moi que pour relever la valeur de l'argent, ce qui ne peut se faire qu'en augmentant les productions du sol et de l'industrie, il faut chercher à introduire du papier, loin de le chasser. C'est au papier que l'Angleterre doit sa richesse, sa puissance, son crédit; c'est avec son papier que Pitt nous fait la guerre, qu'il paye les subsides à l'empereur, etc.

La langueur actuelle de notre industrie, et par suite, la cherté de ses productions, tiennent uniquement au défaut de signe. Si avec quatre fois moins de capitaux qu'il ne nous en faudroit pour répondre à la consommation de l'intérieur, tous les objets sont aussi chers qu'autrefois, il n'en faut pas davantage pour nous mettre hors d'état de soutenir la concurrence de nos voisins dans les marchés au dehors, et pour tuer le peu d'industrie qui nous reste. Aussi la plupart de nos fabriques sont-elles ou anéanties, ou réduites au quart de leur consommation ordinaire, parce que les ouvriers veulent être payés en numéraire, et que le fabriquant n'en a pas. Aussi n'ai-je pas été peu surpris de voir proposer la libre exportation des papiers, comme le principal moyen de relever nos papeteries. Ce n'est pas que, comme ennemi né de toutes les prohibitions inutiles, je n'approuve la mesure; mais le vrai moyen de rendre l'activité à ces manufactures, seroit de fournir du signe ou des fonds aux entrepreneurs. Je me rappèle les plaintes que me fit dans le tems le cit. Johannot, un des premiers fabricans de papier de la France, et même de l'Europe. Comment faire aller ma manufacture, me dit-il, lorsque je suis obligé de payer mes ouvriers en numéraire, qui me coûte l'impossible, et que je ne puis me procurer en quantité suffisante (1)?

____

(1) Il faut avouer aussi que le manque de chiffons, produit par l'énorme consommation qu'en ont faite les assignats, l'imprimerie nationale, et les mille et un journaux, arrête beaucoup l'activité de nos papeteries. Autrefois bien des gens qui

Du signe, je le répète, du signe, autrement nous sommes perdus, au milieu de nos victoires et de nos succès ; et pour avoir du signe, il faut commencer par soutenir le mandat. Cela ne signifie pas qu'il faut le SOUTENIR avec des bayonnettes et des lois pénales ; mais *en le remboursant selon sa valeur nominale,* en le rendant nécessaire pour les contributions, et en lui procurant tout le crédit qu'un gouvernement sage peut lui donner, lorsqu'il va de concert avec le corps législatif.

Je prierai le lecteur en passant, de vouloir bien méditer l'idée suivante, qui contient en abrégé tout ce qu'on peut dire en faveur de l'abondance du signe.

Il en est du signe, comparé aux richesses d'une nation, comme des mots comparés aux idées. Le signe peut, par lui-même, n'être aucune richesse, qu'il ne fait que représenter, comme les mots ne sont pas des idées, qu'ils expriment seulement. Mais de même que de nouveaux mots peuvent produire de nouvelles idées, une plus grande quantité de signe, en facilitant l'échange, et en animant l'industrie, peut produire de nouvelles richesses. C'est un fait généralement reconnu, que le peuple dont la langue est la plus riche en mots, et sur-tout celui qui peut les modifier avec plus de facilité, et de plus de manières, est aussi le plus riche en idées et en lumières (1). *Je crois de même, qu'entre plusieurs nations, celle qui a le plus de signe* (2), *évalué d'après la même*

---

n'écrivoient ni journaux ni brochures, changeoient de chemises deux fois par jour ; aujourd'hui beaucoup d'individus qui écrivent une feuille par jour, n'ont souvent pas de quoi changer de chemise trois fois par décade.

(1) S'entend si cette richesse de sa langue est générale, et non pas réduite à une classe particulière d'objets. Les Tartares, par exemple, ont la langue la plus riche pour tout ce qui regarde les chevaux, quoiqu'elle soit très-pauvre pour le reste. Aussi y a-t-il peu de nations qui s'entendent mieux en chevaux qu'eux. Les Romains, dont la langue étoit si riche pour la poësie, l'éloquence, etc., avoient très-peu de mots pour les arts et les sciences exactes. Aussi n'est-ce pas là qu'ils brillent ; ensorte que ce qui paroîtroit d'abord être une exception à notre règle générale, ne fait que la confirmer.

(2) S'entend de signe circulant, tel qu'est généralement tout

échelle, est aussi celle qui a le plus d'industrie, et qui par conséquent est, sinon actuellement la plus riche, au moins celle qui l'emportera bientôt sur les autres. Et de même qu'on pourroit se former une idée très-exacte des connoissances et des lumières d'une nation, à l'aide d'un dictionnaire et d'une grammaire de sa langue, l'un assez complet, et l'autre assez bien faite, pour contenir tous les mots et leurs différentes modifications, on pourroit également se former une idée très-exacte des richesses et de l'industrie d'un peuple, si l'on avoit un tableau exact de la masse du signe circulant, de la rapidité avec laquelle il circule, et des échanges multipliés que cette quantité, jointe à sa circulation, facilite ou fait naître.

Quant à l'art très-impuissant de réhabiliter le papier, je soupçonnerois presque le citoyen R. de vouloir faire une plaisanterie. On diroit que nous avons employé beaucoup d'art, beaucoup de génie, pour relever notre papier-monnoie, tandis qu'il est notoire que ce n'est que d'erreurs en erreurs, d'injustice en injustice, en violant un engagement après l'autre, en faisant sottise sur sottise, et en mettant beaucoup d'art, que nous sommes parvenus à tuer l'assignat, comme il a fallu encore une espèce d'esprit et d'activité, pour amener le mandat à l'état de discrédit sous lequel ce papier languit. C'est donc de l'art très-puissant de discréditer le papier, qu'il veut probablement parler. En laissant de côté les erreurs et la versatilité des lois financières, le peu d'accord qui a existé sur ce point capital, entre le corps législatif et le Directoire, ou plutôt ses ministres, suffisoit seul pour rendre la réhabilitation du papier impossible. J'ai vu le Conseil des Cinq cens suer sang et eau pour soutenir les malheureux assignats, tandis que le ministre Faitpoul

---

le papier, que personne ne s'avise de thésoriser ; car l'or et l'argent enfoui dans les coffres, ne fait pas plus les fonctions de signe, quoiqu'il soit monnoyé, que la vaisselle d'argent, quoiqu'on puisse en faire des écus. Voici pourquoi l'on peut dire que l'Espagne, avec beaucoup de piastres, ne laisse pas d'être pauvre en signe.

faisoit tous les siens pour revenir au bienheureux numéraire. Et tandis que le même Conseil soutenoit les mandats jusqu'à l'insoutenable, en les voulant mettre au pair des espèces, n'avons-nous pas vû arriver successivement deux messages du Directoire, pour les rembourser (1) au cours, ce qui eût été les mettre au pair du néant. Tandis que la loi du 28 ventôse ordonnoit l'échange des assignats à 30 pour 1, contre des mandats, ce qui mettoit le louis à 6 ou 7000 livres, n'avons-nous pas vu le ministre retarder cet échange autant qu'il a pu, sous prétexte que les promesses de mandats, avec lesquelles cependant la trésorerie payoit très-bien ses créanciers, valeur nominale, n'étoient pas des mandats? Et puis, tout le monde crier contre les agioteurs du Palais Égalité, qui faisoient monter le louis à 12000 livres, lorsque, pour placer ses mandats à 40 ou 50 capitaux, la trésorerie faisoit son possible pour le porter à 20 mille, sans prévoir que l'assignat, comme cela est arrivé réellement, et comme je l'ai prédit moi-même au ministre, finiroit par entraîner dans sa chûte le mandat? Le citoyen R. croit-il que ce fut un artifice de sorcier, très-propre à réhabiliter le mandat, que de proposer un acte aussi profondément immoral et inique, que la démonétisation des assignats de 10 et 2 mille livres, et leur remboursement à 100 capitaux pour 1 ? N'étoit-il pas évident que cette résolution, si elle eût passé, prédisoit pour l'avenir un sort pareil aux mandats ?

A quoi sert la résolution sage sur le payement des contributions en mandats, au prix du bled,

____

(1) Je ne blâme nullement la demande de mettre les mandats au cours dans les paiemens. Je n'attaque que l'idée de vouloir les rembourser au cours, ou, ce qui est encore pis, à l'enchère, parce qu'il me paroît démontré que la seule adoption de cette mesure réduiroit le mandat de 100 liv. à 10 sous au plus. On peut entr'autres le prouver par la règle de trois suivante :

jointe à celle sur le paiement du troisième quart , si , comme le disent les journaux , et une foule de témoins oculaires , les courtiers de la trésorerie ont jeté le même soir 15 à 20 millions sur la place ? Tout porteur d'un papier du gouvernement ne sait-il pas que le crédit de son papier dépend bien moins des lois en vertu desquelles il existe , que de l'intention du gouvernement , et de son ministre , chargé de les exécuter ? Une seule proclamation franche du Directoire , ou une simple lettre du ministre des finances , aux administrations chargées d'activer la vente des biens nationaux , et de faire rentrer les contributions , jointe à une suspension momentanée de toute émission de mandats pour acheter du numéraire sur la place de Paris , feroit plus d'effet que toutes les lois , et tous les discours et rapports possibles prononcés à la tribune. Je crois moi qu'il faut très - peu d'art pour réhabiliter le mandat , ce qui , je le répète , ne veut pas dire , le mettre au pair des espèces ; car la terre qu'il représente ne se vend pas le tiers de ce qu'elle se vendoit en 1790. Pour relever le mandat en peu de tems , et à un point incroyable , il suffit que le gouvernement , après avoir déclaré franchement son intention de le rembourser conformément à la loi du 28 ventôse , fasse exécuter strictement et prompte-

---

Aujourd'hui , avec 100 livres mandats , on peut avoir 100 livres de terre , valeur 1790 , et ces 100 liv. mandats valent 8 livres , espèces. Si demain on rembourse les mandats au cours ou à l'enchère , alors ces 100 livres mandats ne produiront plus que pour 7 livres de terre. Donc , pour trouver dans cette supposition la valeur en espèces de 100 livres mandats , dites : si 100 livres de terre , valeur 1790 , que je puis avoir aujourd'hui avec 100 livres mandats , ne produisent que 7 livres espèces , que produiront 7 livres de terre que j'aurai au cours pour les mêmes 100 liv. mandats ?

Réponse. 0 , 49 de la liv. , ou un peu moins de 10 s. ; encore fais-je ici la supposition très-gratuite que le public , bercé et berné par tant de promesses , voudra bien s'en tenir dans ses calculs aux comptes faits de Baréme.

ment la loi sur le paiement des contributions. Il s'entend que lorsque le mandat sera relevé à 87 et demi, taux auquel le met la fixation de la livre de bled, à 16 s., en prenant 10 liv. espèces pour le prix moyen de cette denrée, le corps législatif diminuera sur le champ le prix de 16 sols ; car autrement il y auroit contradiction évidente. Je démontrerai, au reste, dans une autre brochure que le prix du bled, le plus variable de tous les prix lorsqu'on ne prend pas une longue série d'années, est une base impraticable et même DANGEREUSE pour fixer les valeurs.

Enfin je ne conçois en aucune manière, comment le concours de trois monnoies différentes, dans la circulation, peut avilir l'argent. D'abord, à moins d'y comprendre le numéraire même, je ne vois que deux monnoies qui sont en concurrence avec lui ; savoir, les promesses de mandats et les assignats. Car les mandats n'existent pas encore ; et ils existeroient, qu'étant comme les rescriptions au niveau des promesses, contre lesquelles ils seront échangés, ils ne formeroient ensemble qu'un papier unique et de même valeur, quoique sous des formes et dénominations différentes. En second lieu, je soutiens qu'on ne peut pas qualifier de monnoie, un papier tel que les assignats, qui ne circule déjà plus qu'avec peine à Paris, et dont la valeur réelle en total est une quantité infiniment petite, comparée à celle du numéraire et des mandats. Ces derniers même n'ont pas la qualité de monnoie par le fait, quoique la loi la leur accorde. Car sur cent transactions, et sur-tout dans les achats de détail, il y en a à peine une qui se fasse en mandats ; et encore cela n'a-t-il lieu qu'à Paris, car dans les départements, ils n'ont de cours que pour les soumissions. Il n'y a que la loi sur le paiement des contributions qui puisse les y mettre en circulation, pourvu qu'on se presse de la mettre en exécution. En troisième lieu, tant que, loin d'avoir un excédent de signe, on n'a pas même la quantité indispensablement nécessaire pour les échanges de la vie journalière, il pourroit circuler dix espèces de monnoies différentes par la forme, par la dénomination et par leur valeur intrinsèque, sans qu'aucun discréditât l'autre, comme autrefois un écu de 6 francs n'étoit aucunement avili par la compagnie du louis en or, ou du gros sol en cuivre.

Enfin, quand il seroit vrai que plusieurs signes se dépréciassent les uns les autres, , il me semble que ce devroit plutôt être le numéraire qui dépréciât le papier, que celui-ci qui avilît le numéraire. Quelque porté que je sois pour le papier monnoie, je ne puis disconvenir qu'aux yeux du public le numéraire ne l'emporte de beaucoup sur lui, et que cent écus en espèces, quelqu'usées qu'elles soient, ne soient généralement préférés au plus beau mandat de 300 liv. Or je demande si pour déprécier une jolie femme, on s'avisera de l'associer avec d'autres qui le sont moins ? L'expérience prouve la vérité de mon assertion. Les gens de campagne sur-tout dédaignent le papier, dès qu'ils peuvent avoir des écus, tandis que la vue de millions d'assignats ou de mandats, loin de déprécier le numéraire à leurs yeux, ne feroit que les en rendre plus avares.

SAINT-AUBIN.

De l'Imprimerie de POUGIN. rue des Pères, N.º 9.